D1552200

Easy Chinese Textbook Series
Project Team

《易达汉语系列教材》编委会

策划 Series Designer：达世平 Da Shiping　　　达婉中 Wendy Da

主编 Chief Author　：达世平 Da Shiping

编写委员会 Writing & Editing Team

（按姓氏笔画排列）：

田松青 Tian Songqing	史良昭 Shi Liangzhao
史舒薇 Shi Shuwei	达世平 Da Shiping
达婉中 Wendy Da	李祚唐 Li Zuotang
张新民 Zhang Xinmin	余建军 Jean Yu
范江萍 Fan Jiangping	高云峰 Gao Yunfeng
翁敏华 Weng Minhua	黄亚卓 Huang Yazhuo
章悦华 Susan Zhang	

EasyChinese

易达汉语系列教材
Easy Chinese Textbook Series

汉字字母教程 ②

MAGICAL CHINESE CHARACTERS

Building Blocks for Learning Chinese Characters

达世平　主编
Chief Author: Da Shiping

英文审定：Dr. Holly Jacobs
　　　　　Dr. David Surowski
　　　　　Dow Robertson

北京语言大学出版社
BEIJING LANGUAGE AND CULTURE
UNIVERSITY PRESS

（京）新登字 157 号

图书在版编目（CIP）数据

汉字字母教程·2/达世平主编.
—北京：北京语言大学出版社，2005
ISBN 7-5619-1531-4

Ⅰ．汉…
Ⅱ．达…
Ⅲ．汉字—对外汉语教学—教材
Ⅳ．H195.4

中国版本图书馆 CIP 数据核字（2005）第 130267 号

书　　　名：汉字字母教程·2
责任印制：汪学发

出版发行：**北京语言大学出版社**
社　　址：北京市海淀区学院路 15 号　邮政编码 100083
网　　址：http://www.blcup.com
电　　话：发行部　82303648/3591/3651
　　　　　编辑部　82303395
　　　　　读者服务部　82303653/3908
印　　刷：北京鑫丰华彩印有限公司
经　　销：全国新华书店

版　　次：2005 年 11 月第 1 版　2005 年 11 月第 1 次印刷
开　　本：889 毫米×1194 毫米　1/16　印张：6.875
字　　数：51 千字　印数：1－3000 册
书　　号：ISBN 7-5619-1531-4 /H·05145
　　　　　05800

WHAT MAKES THIS BOOK DIFFERENT?

This is a very unusual book. Even if you don't know any Chinese characters, you can read by yourself using the Chinese phonetics (*pinyin*). Little by little, you will find fewer words in Chinese *pinyin* in the text and more actual Chinese characters you know.

Why are Chinese characters written like this? Why are they said like this? Why do they have these meanings? There is a reason and system behind all of them. When you know the system, you will find learning Chinese characters is not difficult and reading is also not difficult. This book will help you learn the reason and system behind Chinese characters.

There are over 10, 000 characters in Chinese. It is estimated that some 3, 500 characters are needed to read a newspaper in Chinese. So, you can see that the task of learning characters is quite a challenge. Which characters should you learn? Which ones should you learn first?

Unlike most books for learning Chinese characters, which introduce complex words from the very beginning, this book first teaches you the basic tools you will need to master the whole system of Chinese characters. In the Chinese writing system, some 300 basic characters are used to create all other Chinese characters. These 300 building blocks provide the organizing principle in the *Magical Chinese Characters building blocks for learning Chinese characters* and the basis for learning additional characters based on these foundation characters. This approach will make your learning efficient and give you a mental structure for recognizing and remembering new characters easily. By learning the basic building blocks, you are equipped to go on learning new Chinese characters until you have mastered the whole Chinese character system.

Another feature of the *Magical Chinese Characters building blocks for learning Chinese characters* that you learn the natural structure of Chinese characters and follow a natural learning progression. It always moves from simple to complex, from easy to more difficult.

Before starting to read Chinese, you should already have learned some basics about speaking Chinese and listening comprehension, especially the Chinese phonetic system. As you may already know, learning Chinese is quite different from learning English and most European languages — it is relatively easy to learn to read and write one of these language if you can speak it.

However, in learning Chinese, knowing the spoken language does not mean that you can easily transfer this to reading and writing Chinese. Unlike English and European languages, Chinese characters are usually ideographic rather than phonetic. Speaking Chinese can help you in learning Chinese characters, but it is still necessary to learn the written system separately.

We hope you enjoy your adventure in learning Chinese characters.

目　录
CONTENTS

前　言
Preface

　　识汉字有没有 "程序"？先学哪些字、后学哪些字有没有差别？从科学的角度来说：有！它直接影响到学习的效率！

　　那么，应该先学什么字呢？

　　通过一系列的研究，我们认为汉字也有"字母"，通过这些字母来识汉字，可以大大提高学习的效率。

　　哪些才是汉字的字母呢？从识字教学，包括认读和书写的实际需要出发，我们把汉字字母定义为能独立运用的、有实际意义的、并且是不可再分解的、同时又是很常用的字。具体地说，汉字的字母是以象形字为基础的，包括部分指事字和简化成独体字的会意字、形声字。

　　从理论上说，大部分的指事字和几乎所有的合体字（包括会意字与形声字），都是由象形字作基础构成的；而在所有的合体字中，绝大多数是形声字。因此，象形字是整个汉字的核心，形声字是全部汉字的主体。学好象形字，其他汉字学起来就容易多了，至少不用每一个生字都去抄写很多遍。这就是充分利用已有的知识和经验，循着规律去学习新的知识、去学习生字；正如学数学一般要先学加减法，再学乘除法。

　　因此，《汉字字母教程》不仅符合先象形字后会意字形声字、先独体字后合体字的汉字构成规律，也符合先简后繁、先易后难的识字教学规律。它将汉字识字教学的程序分成三步：

　　一、先学汉字"字母"。掌握整个汉字体系的核心。（本教材 1–4 册）

　　二、再从中选出可做部首的字母重新学习。掌握汉字的表意规律。（本教材 5–6 册）

　　三、再从中选出可做声旁的字母重新学习。掌握汉字形声字的表音规律。（本教材 7–8 册）

　　本书既可作为单独的教材来使用，也可作为辅助的补充教材来使用，但学习者必须具有至少半年以上汉语学习的基础，或具有一定听说汉语的能力。

　　希望本书能为汉字教学开辟一条捷径：学生学得更轻松，老师教得也更轻松。

给教师的话
(TO THE TEACHER)

请各位授课的老师认真地阅读以下教材的体例与使用方法，并正确地使用本教材，希望您能达到理想的教学效果。祝您成功！

※ 教材类型
本教材以教授简体汉字为主，注音用汉语拼音。

※ 课程设置
本教材分三个阶段学习：

第一阶段为 1– 4 册，有 308 个汉字字母和 110 个最常用汉字，共 418 个汉字；如按每周 5 个课时计算（下同），学完需一个学年。

第二阶段为 5、6 两册，有 49 个最常用部首（以所学字母为基础）及其下属常用字 700 个左右，学完需一个学年。

第三阶段为 7、8 两册，有 47 个常用部首（以所学字母为基础）和 130 个最常用声旁及其下属用字 800 个左右，需一个学年学完。

三年可掌握近 2000 个汉字的阅读和书写。

※ 教学进度
不同的教学阶段，教学进度不同，本册需掌握第一阶段的教学进度。

每册书分两个流程学习。

第一流程（快速学习）：

教学时间参考为每个单元 1–2 课时，每周学 1– 3 个单元。包括以下几个方面：

1. 字母
每课重点是本课的"字母"（包括以字母为基础的部首），每课的课文便是由这个字母所组成的数个不同意义或不同用法的词语构成；因此，"字母"及其词语要精读，而课文只要泛读。即，凡与"字母"相关的词语必须有比较透彻的理解，而其他词语大致明白、整篇课文内容基本理解即可。每课的字母，一般要求用图画的方式进行字形和字义的分析讲解。左上角的彩图以及其后汉字从古到今演变的形体，一方面提供给教师作教学参考，另一方面也提供给学生通过复习和欣赏产生联想而帮助记忆。

2. 课文
课文正文的文字，如本课及以前已经学过，则不再标汉语拼音，以便复习巩固。课文不要求背诵，每篇课文在第一流程中最多读 3–4 遍。凡用红色汉语拼音标出的汉字，表示在本册以后的课文中会学到。

3. 书写

　　字母都要求书写。凡是字母一般都有六个方格（包括第一个描红）供练习楷书的书写，还有一个行书供欣赏或练习书写。每个"字母"一般每天只要求书写一次，连续书写四天后，每隔一周再写一次，每个"字母"总共至少写六次，持续三周。"补充识字"中，除了方格内要求书写的汉字也是"字母"外，其他不属于"字母"的汉字，基本不要求书写。所有"字母"必须达到能够默写的熟练程度。

4. 补充识字

　　每个单元之后，通常有多少不等的"补充识字"，它们大多数是合体字，而且都是最常用汉字。它们字形结构比较复杂，但由于它们在阅读中经常反复出现，因此，在教学中可以沿用传统的"死记硬背"的方法，在教学进度的第一流程中不要求书写，只要求认读，在教学进度的第二流程中练习书写。（目录中的"补充识字"，斜杠" / "以前的属"字母"）

5. 读一读

　　每个单元后面有 1–4 篇不等的"读一读"，是把本单元的字母串成短文供阅读。在教学进度的第一流程中，从第 6 单元"天文"开始，可以在"读一读"中选一篇抄写，作为复习。在教学进度的第二流程中，可以选一篇做听写练习。有条件的话，可以让学生对此进行计算机汉字输入的学习（老师读课文，学生打字，代替"听写"）。

6. 学习合体字

　　每个单元之后，通常有多少不等的"学习合体字"，它们字形结构比较复杂，因此，在教学中沿用传统的"死记硬背"的方法，只要求认读，不要求练习书写。

7. 指导

　　"指导"由教师讲解，简单了解字体、字形的缘起。

第二流程（巩固学习）：

　　一册快速学完后，就进入第二流程的学习。请学生把这一册每篇课文中汉字上面的红色拼音用深色涂去，重新阅读一遍。并且：

1. 完成每课"找一找"的练习，用红笔圈出，目的是使学生能认出变形的"字母"，并逐步过渡到第二阶段的学习。

2. 每一个生字，都尽可能和以前学过的形似字、同音字和近音字作对比和复习练习。

3. 在每个单元后"读一读"中挑选一篇听写（补充识字可以用拼音代替），作为测验。每周复习 3–5 个单元。

4. 练习书写"补充识字"中没有书写过的汉字，每个字要求每天写一次，连续写三天即可。

5. "扩词练习"可按单元进行复习，增加词汇量。

　　学习进度可根据学生的具体情况及学校的课程设置来调整，不宜过多，也不宜太少，以免影响学习效率。

Gěi Xué Shēng de Huà
给学生的话
To the learner

Zhè shì yì běn fēi cháng qí tè de shū. Jí shǐ nǐ yí ge hàn zì yě
这是一本非常奇特的书。即使你一个汉字也

bú rèn shi, dàn zhǐ yào huì le hàn yǔ pīn yīn, jiù néng zì jǐ xué huì rèn
不认识，但只要会了汉语拼音，就能自己学会认

zì. Tú huà、 zì mǔ kě ràng nǐ lián xiǎng, shī gē, tóng yáo néng bāng nǐ
字。图画、字母可让你联想，诗歌、童谣能帮你

jì yì, mí yǔ、 zì mí huì jiào nǐ sī kǎo… Dāng rán, yí dìng yào
记忆，谜语、字谜会叫你思考……当然，一定要

cóng tóu kāi shǐ, yì piān yì piān wǎng xià dú. Màn màn de nǐ jiù huì fā xiàn,
从头开始，一篇一篇往下读。慢慢地你就会发现，

hàn yǔ pīn yīn yuè lái yuè shǎo, ér nǐ rèn shi de zì què yuè lái yuè duō,
汉语拼音越来越少，而你认识的字却越来越多，

nǐ zì jǐ jiù xué huì dú shū le. Ér qiě, dú zhe dú zhe, nǐ huì yuè
你自己就学会读书了。而且，读着读着，你会越

lái yuè yǒu xìng qù de.
来越有兴趣的。

Hàn zì wèi shén me zhè yàng xiě、 wèi shén me zhè yàng niàn、 wèi shén me
汉字为什么这样写、为什么这样念、为什么

yǒu zhè yàng de yì si, dōu yǒu tā de dào li; míng bái tā de dào li, liǎo
有这样的意思，都有它的道理；明白它的道理，了

jiě tā de biàn huà, shí zì jiù hěn róng yì, dú shū yě bù nán la!
解它的变化，识字就很容易，读书也不难啦！

鸟（鳥）niǎo bird　　乌（烏）wū crow

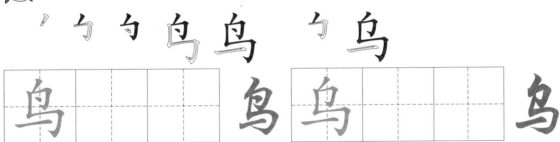

★the crow's feather is black. "乌" means black.

小鸟在大树上叫，鸵鸟①在沙地里走；

乌鸦②在乌云下面飞，乌龟③在海水中游④。

 书写 WRITE

ノ 勹 勽 鸟 鸟　　勽 乌

鸟			

鸟 鸟

乌	乌		

乌

认一认 NOTE

形似字：鸟、乌、马

近音字：乌、五

找一找 SEARCH

哪里有"鸟"：鸡、鸭、鸽

词语解释 Explanation of words and phrases

① 鸵鸟（tuó niǎo）: ostrich

② 乌鸦（wū yā）: crow

③ 乌龟（wū guī）: tortoise, turtle

④ 游（yóu）: to swim

燕 yàn swallow (bird)

★The character originally looked like a swallow.

chuān huā yī　　nián nián chūn
小燕子，穿花衣；年年春天来这里。

wèn　　　wèi shén me　　　　shuō
我问燕子你为什么来？燕子说，

chūn　　zuì měi lì
这里的春天最美丽。

* *

chuān　　　wěi fú　　　qīng rú　　　tiào wǔ
穿上燕尾服①，身轻如燕来跳舞。

 书写 WRITE

词语解释 Explanation of words and phrases

① 燕尾服（yàn wěi fú）：tuxedo

虫（蟲）chóng　insect, worm

小鸟爱吃虫，吃了虫子身体好。

＊＊＊＊＊＊＊＊＊＊＊＊＊＊＊＊

ài shū　　　　　　men jiào tā　shū
爱看书的人，我们叫他"书虫"。

★ The character originally looked like a snake. Later it meant animal; now it means insect and bacteria.

书写　WRITE

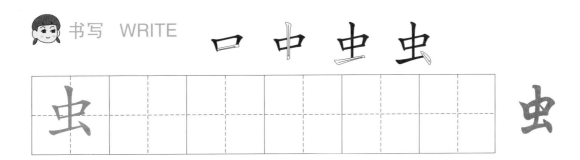

虫

虫

认一认　NOTE

形似字：虫、中

找一找　SEARCH

哪里有"虫"：蛋、蚂、蜜、蜂、融

鱼（魚）yú　fish

★The character originally looked like a fish.

鱼的种类很多：带鱼①是吃的鱼，金鱼②是看的鱼。

但是，鲸鱼③、鳄鱼④、娃娃鱼⑤都不是鱼。

书写　WRITE

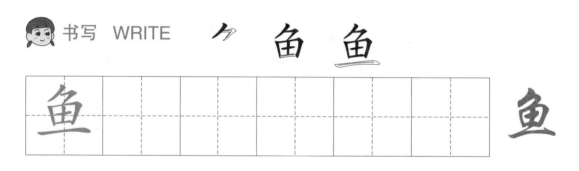

认一认　NOTE

形似字：鱼、田、兔

近音字：鱼、雨

找一找　SEARCH

哪里有"鱼"：鲜、鲨、鲸

词语解释 Explanation of words and phrases

① 带鱼（dài yú）: a fish that looks like a belt

② 金鱼（jīn yú）: goldfish

③ 鲸鱼（jīng yú）: whale

④ 鳄鱼（è yú）: alligator

⑤ 娃娃鱼（wá wa yú）: salamander

龟(龜) guī tortoise, turtle

★The character originally looked like a turtle.

pèng dào wēi xiǎn   suō   ké

乌龟碰到危险①会把头缩②回乌龟壳③里，

suǒ yǐ   dǎn   jiào suō

所以把胆小④的人叫缩头乌龟。

＊＊＊＊＊＊＊＊＊＊＊＊＊＊＊＊＊＊＊

guó zuì zǎo   hàn zì kè   jiǎ ké

中国最⑤早⑥的汉字刻⑦在乌龟的甲壳⑧上，

jiào jiǎ gǔ wén

叫甲骨文⑨。

书写 WRITE

认一认 NOTE

形似字：鱼、电

找一找　SEARCH

哪里有"龟"：阄

词语解释 Explanation of words and phrases

① 危险（wēi xiǎn）：danger; dangerous

② 缩（suō）：to draw back

③ 壳（ké）：shell

④ 胆小（dan xiǎo）：timid, cowardly

⑤ 最（zuì）：the most

⑥ 早（zǎo）：early

⑦ 刻（kè）：carve, cut

⑧ 甲壳（jiǎ ké）：tortoise shell

⑨ 甲骨文（jiǎ gǔ wén）：ancient Chinese characters carved on ox bones and tortoise shells

角 jiǎo　horn, angle, corner

★The character originally looked like the horn of an ox. Later it also came to mean angle or corner.

　　gē ge　　zhàn qiáng　　　　ná qǐ　　　chuī　hào
大哥哥，站墙角①，拿起牛角吹②号角③。

　　mèi mei　　zuò qiáng　　　gāo gāo xìng xìng bō　　dòu
小妹妹，坐墙角，高高兴兴剥④豆角⑤。

书写 WRITE　　ク 介 角 角

角							角

认一认 NOTE

　　形似字：鱼、龟

找一找 SEARCH

　　哪里有"角"：解、触

词语解释 Explanation of words and phrases

① 墙角（qiáng jiǎo）: the (inside) corner of a room

② 吹（chuī）: to blow, puff

③ 号角（hào jiǎo）: a horn (shaped like ox horn) for making sounds, a trumpet

④ 剥（bō）: to peel, shell or remove (the inner part) from a covering

⑤ 豆角（dòu jiǎo）: bean, pea

毛 máo feather, hair, fur

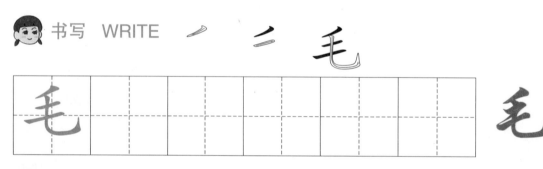

★The character originally looked like a feather or fur. Later it came to mean "rough", because things with fur or hair are not smooth.

yòng chù   bǐ   yī
羊毛兔毛用 处大，可做毛笔①和毛衣②。

xiě zì   yòng bǐ   lěng   chuān yī
要写字，用毛笔；天冷了，穿毛衣。

书写 WRITE ノ 二 毛

毛					

毛

认一认 NOTE

形似字：手

找一找 SEARCH

哪里有"毛"：毯、毽、毫

词语解释 Explanation of words and phrases

① 毛笔 (máo bǐ)：brush pen for writing Chinese characters or for painting

② 毛衣 (máo yī)：wollen sweater

肉 ròu meat

★The character originally looked like a piece of meat cut into squares. It is also used for the part of fruits which can be eaten.

jī dàn   yíng yǎng
牛肉羊肉很好吃，鱼肉鸡蛋①有营养②。

shū cài   guǒ
大鱼大肉别多吃，蔬菜③水果④不能少。

书写 WRITE

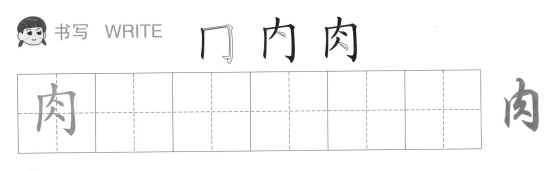

肉   肉

找一找 SEARCH

哪里有"肉"：腐

词语解释 Explanation of words and phrases

① 鸡蛋（jī dàn）: egg

② 营养（yíng yǎng）: nutrition

③ 蔬菜（shū cài）: vegetable

④ 水果（shuǐ guǒ）: fruit

血 xiě、xuè blood

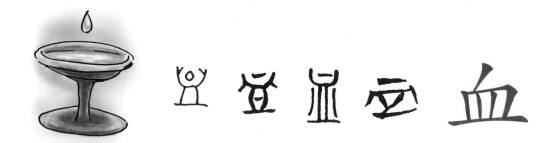

★The character originally looked like a drop of blood in a bowl. In ancient times, people made a pledge with blood.

<pre>
  jiǎo shòu shāng   pò xiān   liú
毛手毛脚①受了伤②，身上肉破③鲜血④流⑤；

  liú   shū   xiàn   mìng jiù
流血过多要输血⑥，众人献血⑦把命⑧救⑨。
</pre>

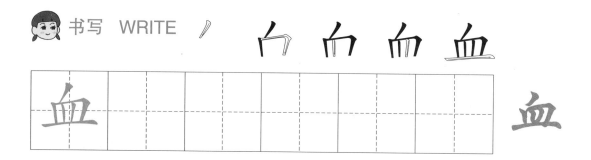

书写 WRITE   丿 宀 白 血 血

血   血

词语解释 Explanation of words and phrases

① 毛手毛脚 (máo shǒu máo jiǎo)：careless
② 受伤 (shòu shāng)：to be injured
③ 破 (pò)：having a hole or opening (in something that should be closed)，broken
④ 鲜血 (xiān xuè)：fresh blood
⑤ 流 (liú)：to flow
⑥ 输血 (shū xuè/xiě)：to transfuse blood
⑦ 献血 (xiàn xuè/xiě)：to donate blood
⑧ 命 (mìng)：life, fate
⑨ 救 (jiù)：to help (in a life-threatening situation)，to save, to rescue

羽 yǔ feather, plume　　习（習）xí to practice

★The character originally looked like feather. "习" originally meant a baby bird learning to fly.

　　　　　　　　　　　　　　　　zuò yòng　zhēn
小鸟身上长羽毛，羽毛作用①真不小。

dǎ qiú　dǎ　　qiú　　　　lěng　chuān róng yī
打球可打羽毛球，天冷可穿羽绒衣②。

＊＊＊＊＊＊＊＊＊＊＊＊＊＊＊＊＊＊＊＊＊＊＊＊

　　nǔ lì　cháng cháng fù　　wēn
学习要努力，常 常 复习和温习③，

ér shí　zhī　　　　　cái　　jìn
学而时习之④，学习才能有进步。

书写 WRITE

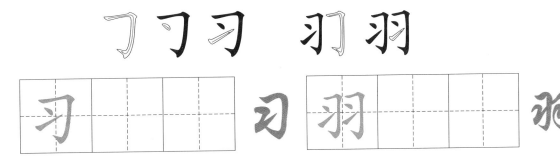

认一认　NOTE

同音字：羽、雨
近音字：羽、鱼

找一找　SEARCH

哪里有"羽"：翅、翻、翘

词语解释 Explanation of words and phrases

① 作用（zuò yòng）：function

② 羽绒衣（yǔ róng yī）：down clothing

③ 温习（wēn xí）：to review

④ 学而时习之（xué ér shí xí zhī）：often to practice after learning

飞（飛）fēi to fly

飛 飛 飛 飞

虫儿在花草里飞，鸟儿在树林中飞；
huā cǎo　　　　　　shù lín

空中一只大鸟飞，仔细①一看是飞机。
kōng　　　　　　zǐ xì　　　　　jī

★The character originally looked like a bird's wings.

书写 WRITE

飞 飞 飞

飞						飞

认一认 NOTE

　形似字：飞、气、习

读一读 RAED

　燕子是飞鸟，身上有羽毛，

　头上没有角，尾巴②像剪刀③。
　　　　　　wěi ba　xiàng jiǎn dāo

　乌龟鱼儿水下游，爱吃小虫和水草④。
　　　　　　yóu　　ài　　　　　　cǎo

有血有肉是动物，样子习性⑤各不同。

dòng wù　　yàng　xìng gè　tóng

词语解释 Explanation of words and phrases

① 仔细（zǐ xì）：(do something) in detail, closely or carefully

② 尾巴（wěi ba）：tail

③ 剪刀（jiǎn dāo）：scissors

④ 水草（shuǐ cǎo）：water plant

⑤ 习性（xí xìng）：behaviour, habit（for animals）

补充识字　Supplementary characters

成　chéng　to become, to succeed　　　　很　hěn　very

 书写　WRITE

一 厂 厅 成 成 成

成							成

 读一读　RAED（1）

nǔ lì　　　　gōng
很努力，没成功；

zài nǔ lì
做不成，再努力；

gōng
做成了，很成功。

读一读 RAED （2）

燕子和乌鸦都是鸟，会在天上飞，鱼和乌龟会在水里游；龙不是鸟，也不是鱼，但是它会上天，也会下水。牛、马、羊，兔子和老虎，大象和老鼠，有的大，有的小，都在地上走。

读一读 RAED （3）

中国汉字有很多，成千上万数不清；

学会"字母"三百多，学习汉字能成功。

读一读 RAED （4）

从前，在水里有很多很多虫子。后来，有的虫子变成了鱼，还在水里，有的虫子到了地上，长出了毛，有的长出了角，还有的长出了羽毛，变成了鸟，会飞。很多动物有血，也有肉和骨头。

学习合体字 LEARN COMPOUND CHARACTERS

城	chéng（土部）city wall, city 城市（shì）city　长城 Great Wall ★A wall is made of earth；a city is surround by a wall. 城 and 成 have the same pronunciation.	城
触	chù（角部、虫部）feel, touch 接（jiē）触 contact，meet，touch ★Animals，especially insects，feel things with their horns or antennas.	触
鸣	míng（口部、鸟部部）（鳴）sing or cry (for birds，insects) 鸟鸣 a bird's song ★Singing comes from a bird's beak.	鸣
烛	zhú（火部、虫部）（燭）candle 蜡（là）烛 candle　烛光 candlelight ★燭 and 蜀(shǔ)，have almost the same pronunciation (zhú，shǔ).	烛

木 mù tree, wood

　　　　　gōng　　huì yòng　　　fáng
山里一个小木工①，会用木头做房子。

★ The character originally looked like a tree with roots, branches and a trunk.

　　　zhuō　　　yǐ　　　　　ǒu
做成木桌和木椅，做成木偶②和木马③。

书写 WRITE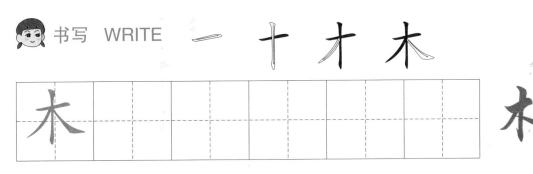

木					

木

认一认 NOTE

形似字：木、水、大、不

同音字：木、目

近音字：木、母

找一找 SEARCH

哪里有"木"：树、根、梨、李、桌

词语解释 Explanation of words and phrases

① 木工（mù gōng）：carpenter，wood worker

② 木偶（mù ǒu）：puppet

③ 木马（mù mǎ）：rocking horse，wooden horse

果 guǒ fruit, result

★The character originally looked like some fruit in a tree. Later it also came to mean result or effect.

果园①里面果树多，长叶②开花结③果实④。

多吃水果身体好，结果⑤学习也不错。

 书写 WRITE

 认一认 NOTE

形似字：果、里、田

找一找 SEARCH

哪里有"果"：裹、课、棵、颗

词语解释 Explanation of words and phrases

① 果园（guǒ yuán）: fruit garden

② 叶（yè）: leaf

③ 结（jié）: to bear (fruit)

④ 果实（guǒ shí）: fruit，the fruits of one's labor

⑤ 结果（jié guǒ）: in result

竹 zhú bamboo

竹　竹　竹

★The character originally looked like bamboo. Bamboo cut into pieces can be used as chips for counting. So, the measure word "个" is half of "竹".

　　　　　　　kuài kuài
山上小竹子，要快快长大，

　　yè chūn　　huā lā lā　　　　　　　　biàn yàng
一夜春雨哗啦啦，竹子可就大变样，

jiān jiān lòu　　　sǔn　　biàn　piàn　lín
尖尖露头①小竹笋②，变成一片大竹林。

书写 WRITE　ノ　亻　亻　竹　竹

竹 　　　　　　　　　　　　　竹

认一认 NOTE

形似字：竹、个

找一找 SEARCH

哪里有"竹"：笔、筷、篮、管

词语解释 Explanation of words and phrases

① 露头（lòu tóu）：sprout　　　② 竹笋（zhú sǔn）：bamboo shoot

生 shēng　to give birth to, to grow, rare(for meat), not ripe(for fruit)

生　生　生

出生的日子叫生日。
jiào

★ The character originally looked like growing grass. It can be used with (after) a verb to indicate a person's job or identity.

上学的时候是学生。
shí hou

做学生要学生词认①生字。
cí rèn　zì

生活中生了病要看医生。
huó　bìng　yī

书写　WRITE　丿　丨　广　牛　生

生

生

认一认　NOTE

形似字：生、土

找一找　SEARCH

哪里有"生"：牲、星、姓、性

词语解释 Explanation of words and phrases

① 认 (rèn): learn, recognize, know

禾 hé rice plant, standing grain

 dāng wǔ　hàn dī

锄禾①日当②午，汗③滴④禾下土；

shuí zhī pán　cān　　lì lì jiē xīn kǔ

谁知盘⑤中餐⑥，粒粒⑦皆⑧辛苦⑨。

> ★ The character originally looked like standing grain with roots, leaves and spike (referring to the head of grain).

 书写 WRITE

认一认 NOTE

形似字：禾、木

同音字：禾、和

找一找 SEARCH

哪里有"禾"：种、秋、香、和

词语解释 Explanation of words and phrases

① 锄禾（chú hé）：to weed, to hoe weeds around grain
② 当午（dāng wǔ）：exactly at noon
③ 汗（hàn）：sweat
④ 滴（dī）：to drip
⑤ 盘（pán）：plate
⑥ 餐（cān）：meal, food
⑦ 粒（lì）：grain, measure word for small round things（like rice）
　　粒粒（lì lì）：every piece
⑧ 皆（jiē）：all
⑨ 辛苦（xīn kǔ）：difficult, hard

年 nián year, age

★ The character origi-
nally looked like "禾"
on the top and "人" at
the bottom. It means
harvest once a year.

tóng dào
从儿童到少年，从青年、中年到老年，

qīng   dào

人的一生①没有多少年。

yòu
一年又一年，年年要过年。

líng   gěi   you   bài
年龄②大一岁，给父母朋友去拜年③。

 书写 WRITE　丿　𠂆　𠂉　仁　丘　年

年					

年

认一认 NOTE

形似字：年、牛、生

词语解释 Explanation of words and phrases

① 一生（yī shēng）: all one's life

② 年龄（nián líng）: age

③ 拜年（bài nián）: to pay a New Year's call

米 mǐ *rice, meter (for measurement)*

 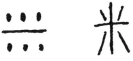

★ The character originally looked like rice on the stalk. Another meaning is meter.

大米小米①和玉米②，都是粮食③要珍惜④。

吃饭不要掉⑤米粒，所有米饭吃干净⑥。

 书写 WRITE

 认一认 NOTE

形似字：米、木、禾、来

 找一找 SEARCH

哪里有"米"：粮、粉、糕、迷

词语解释 Explanation of words and phrases

① 小米（xiǎo mǐ）：millet，*a kind of yellow grain*

② 玉米（yù mǐ）：corn

③ 粮食（liáng shi）：food sappliers

④ 珍惜（zhēn xī）：to cherish

⑤ 掉（diào）：to fall

⑥ 干净（gān jìng）：clean

朵 duǒ（measure word）

★The character originally looked like a flower on a tree. It is used as a measure word for flowers, clouds etc.

piāo　　　bái　　　　kāi　　　xiān huā
天上飘着朵朵白云，地上开着朵朵鲜花①。

hái xiàng　　　　yóu　　xiào liǎn xiàng huā　　kāi fàng
孩子像云朵一样自由②，笑脸 像 花朵一样开放③。

 书写 WRITE 丿 几 朵

朵					

朵

认一认 NOTE

形似字：朵、木、禾

近音字：朵、多

猜一猜 GUESS

两兄弟，隔座山；听得见，看不见。

找一找 SEARCH

哪里有"朵"：躲

词语解释 Explanation of words and phrases

① 鲜花（xiān huā）：fresh flowers

② 自由（zì yóu）：freedom

③ 开放（kāi fàng）：to open, to blossom

瓜 guā melon

★The character originally looked like a melon on a vine.

　nán　　huáng　　　dōng　　xī　　　　jiā　　jiào
南瓜①黄瓜②、冬瓜③西瓜，大家都叫瓜。

　yuán yuán　　　xiàng　　　men jiào tā　　nǎo
圆④圆的头也像瓜，我们叫它"脑瓜⑤"。

书写 WRITE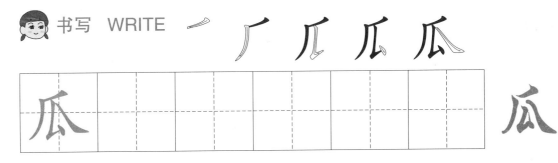

瓜　　　　　　　　　　　　　瓜

找一找 SEARCH

哪里有"瓜"：瓣、孤、狐

词语解释 Explanation of words and phrases

① 南瓜（nán guā）：pumpkin
② 黄瓜（huáng guā）：cucumber
③ 冬瓜（dōng guā）：winter melon, Chinese watermelon (not sweet)
④ 圆（yuán）：round
⑤ 脑（nǎo）：brain
　脑瓜（nǎo guā）：head

补充识字　Supplementary characters

都　dōu　all　　　　　　　得　de　*used after certain verbs to indicate possibility*

 书写　WRITE

很　　　　　　　很 得　　　　　得

 认一认　NOTE

同音字：得、地、的

 读一读　RAED（1）

看着、看着，看了很多，看得到^{dào}的都看了；

听^{tīng}着、听^{tīng}着，听^{tīng}了很多，听^{tīng}得到^{dào}的都听^{tīng}了。

好好地看，好好地听^{tīng}，好好地学，好好地做，

都能做得很好。

读一读　RAED（2）

瓜果个个甜^{tián}，禾苗^{miáo}棵^{kē}棵^{kē}壮^{zhuàng}；竹子遍^{biàn}地生，树^{shù}木满^{mǎn}山长。

春^{chūn}天朵朵红^{hóng}，秋^{qiū}天片^{piàn}片^{piàn}黄^{huáng}；今^{jīn}年大丰^{fēng}收^{shōu}，家^{jiā}家^{jiā}白^{bái}米香^{xiāng}。

读一读　RAED（3）

我出生的日子正好是农^{nóng}历^{lì}①正^{zhēng}月②初^{chū}一③，

我过生日也正好就是过年。

26

每年在过年的那些日子里，都会有很多人来，

所以，每年我过生日都很热闹④。

词语解释 Explanation of words and phrases

① 农历（nóng lì）：Chinese calendar，farmer's almanac

② 正月（zhēng yuè）：the first month of the Chinese lunar calendar

③ 初一（chū yī）：the first day of a month in the Chinese lunar calendar

④ 热闹（rè nào）：lively，bustling with noise and excitement，jolly

读一读 RAED（4）

从前，人都是生活在森林里的树上，后来他

们下了地，有的住在山洞①里，有的用木头和竹

子做成了房子。他们吃树上的果子和地上的瓜，

后来，学会了种田②，主要③吃米饭。

读一读 RAED（5）

过年的时候，中国人要吃鱼，头和尾巴④都

不吃，表示"年年有余"，因为"鱼"和"余"读音

相同，"余"的意思是"很多"，可以表示⑤每年都

有很多吃的东西。

词语解释 Explanation of words and phrases

① 山洞（shān dòng）：cave

② 种田（zhòng tián）：to farm

③ 主要（zhǔ yào）：main, chief, principal, major

④ 尾巴（wěi ba）：tail

⑤ 表示（biǎo shì）：to express, to mean

猜一猜　GUESS

zuǒ　　　　　　yòu
左面不出头，右面不出头，

不是不出头，就是不出头。　（林）

学习合体字 *LEARN COMPOUND CHARACTERS*

林	lín （木部）woods 树林 woods ★The character with two 木 indicates a piece of woods.	林		
森	sēn （木部）forest 森林 forest ★The character with three 木 indicates a big forest.	森		
杯	bēi （木部）(盃) cup, *measure word for drink* 杯子 cup, glass ★In ancient times, cups were made of wood. 杯 and 不 had the same sound at first.	杯		
呆	dāi （口部、木部）(獃) slow-witted 呆子 idiot, blockhead ★It is used to refer to sb. is inarticulate, like a puppet made of wood.	呆		
棵	kē （木部）*measure word for plants* 一棵树（shù）a tree ★棵 and 果 had a similar pronunciation at first.	棵		
楼	lóu （木部）(樓) a multi-storied building, floor 楼上 upstairs　上楼 go upstairs ★楼 is made of wood, especially the flooring. 楼 and 娄（lóu）have the same pronunciation.	楼		
样	yàng （木部）shape, kind 这（zhè）样 in this way　样子 shape, manner, model ★A model is first made of wood. 样 and 羊 differ only in tone.	样		

和	hé（禾部、口部）kind, and 和气 gentle, kind, polite　　他和你 he and you ★ At first it meant "answer with songs or poems". 和 and 禾 have the same pronunciation.	和		
积	jī（禾部）（積）mass, store up 积极（jí）positive, active ★ At first, 积 means to store up grains after harvest. 积 and 只, sounded similar in ancient times.	积		
秋	qiū（禾部）autumn 秋天 autumn, fall ★ Sorghum changes to red, like fire, in autumn.	秋		
香	xiāng（禾部）sweet-smelling 香蕉 banana　　香水 perfume ★ The bottom of the character was originally 甘(sweet); it means that rice tastes sweet.	香		
种	zhǒng（禾部）（種）seed 品种 breed, variety　种子 seed　这种 this kind of ★ Different seeds grow different grain. 种 and 中 differ only in tone.	种		

厂（廠）chǎng factory   广（廣）guǎng wide

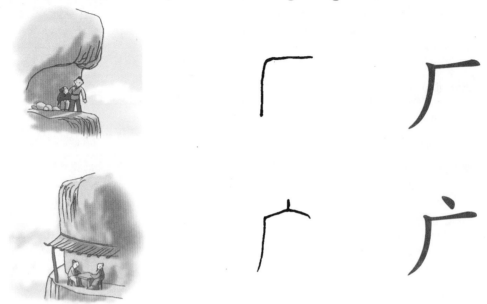

★ "厂" originally looked like a shallow cave where people could live or work.
"广" originally looked like a building with a canopy, making it wider.

父母都在工厂①工作，年年月月都很辛苦。

广播②和电视里有广告③，广场④上立着广告牌⑤，

广告把工厂生产⑥的东西告诉⑦大家。

书写 WRITE

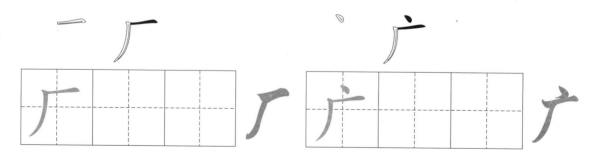

认一认　NOTE

近音字：厂、长　广、光

找一找　SEARCH

哪里有"广"和"厂"：店、库、厅、厕、扩、矿

词语解释 Explanation of words and phrases

① 工厂（gōng chǎng）：factory

② 广播（guǎng bō）：broadcast

③ 广告（guǎng gào）：advertisement

④ 广场（guǎng chǎng）：plaza, square

⑤ 广告牌（guǎng gào pái）：billboard

⑥ 生产（shēng chǎn）：to produce

⑦ 告诉（gào su）：to tell

京 jīng capital

★The character originally looked like a big house with three strong pillars.

guó xiàn   shǒu dū   běi   gǔ dài   chéng   nán
中国现在的首都①是北京，古代的京城②是南京。

běi   nán   men ài jù
你是北京人，我是南京人，我们都爱看京剧③。

书写 WRITE

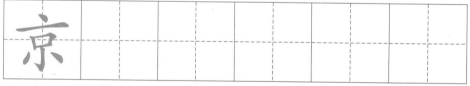

找一找 SEARCH

哪里有"京"：惊、鲸、景

词语解释 Explanation of words and phrases

① 首都（shǒu dū）：capital

② 京城（jīng chéng）：capital, Beijing

③ 京剧（jīng jù）：Beijing opera

高（髙）gāo high, tall

★The character originally looked like a tall house on the wall of the city gate.

yùn dòng huì　　　bǐ tiào　　　qún　　　cān jiā

运 动 会 ① 上 比 跳 高 ②，一 群 ③ 高 手 ④ 来 参 加 ⑤，

tiào　zuì　　dì

个 个 都 是 高 个 子 ⑥，跳 得 最 高 是 第 一 ⑦。

 书写　WRITE

 认一认　NOTE

　　形似字：高、京

 找一找　SEARCH

　　哪里有"高"：膏、搞、稿

词语解释 Explanation of words and phrases

① 运动会（yùn dòng huì）: sports meet, sports competition

③ 一群（yī qún）: a group of

⑤ 参加（cān jiā）: join, attend, take part in

⑦ 第一（dì yī）: the first one

② 跳高（tiào gāo）: high jump

④ 高手（gāo shǒu）: master, expert

⑥ 个子（gè zi）: height, stature

33

门（門） mén　door

甜 明 門 門 心 门

fáng　　　fáng　　　　xiào　　xiào
房子有房门，学校有校门；

> ★The character originally looked like two doors.

qì chē　　chē　　　　　qiú chǎng　　　　qiú
汽车有车门，足球场①上有球门②。

　　　　yǐng　　mǎi　piào　　　kān　　　　　　huì ràng　　jìn
看电影不买门票③，看门④的可不会让⑤你进门。

＊＊＊＊＊＊＊＊＊＊＊＊＊＊＊＊＊＊＊＊＊＊＊＊＊

　　hàn zì　　qiào　　　　　　zì　　　rù
学习汉字有窍门⑥，学了字母能入门⑦。

书写 WRITE

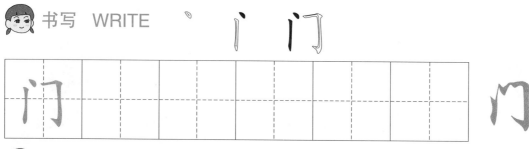

找一找　SEARCH

哪里有"门"：间、问、闻、们

词语解释 Explanation of words and phrases

① 场（chǎng）：open space (outdoors), place, field

② 球门（qiú mén）：goal (for sports)

③ 票（piào）：ticket

④ 看门（kān mén）：to guard (protect) the entrance

⑤ 让（ràng）：to let, to allow

⑥ 窍门（qiào mén）：key (to a problem), a good way to do something

⑦ 入门（rù mén）：to cross the threshold, to learn the rudiments

户 hù　door, family

men lóu　　　　　　　　jiā
我们楼里有十二户人家①，

★The character originally looked like a door, the entrance of a house.

jiā jiā　　　jiǎng wèi　　　　　　kāi chuāng tōng
家家户户②都讲卫生③，天天都要开窗户通风④。

📷 书写　WRITE　` ⺆ ㇆ 户

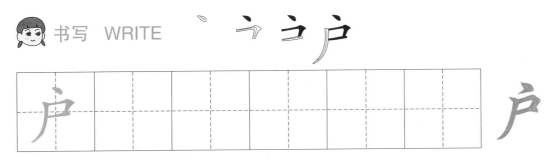

😟 认一认　NOTE

形似字：户、厂、广

近音字：户、虎

😮 找一找　SEARCH

哪里有"户"：房、扇、护、炉、驴

词语解释 Explanation of words and phrases

① 人家（rén jiā）：family
② 家家户户（jiā jiā hù hù）：every family
③ 讲卫生（jiǎng wèi shēng）：to pay attention to hygiene
④ 通风（tōng fēng）：to ventilate

宫 gōng palace

★The character originally looked like a big house with many rooms.

běi　　gù　　　　　　　　huáng dì　　zhù　　huáng
北京故宫①过去是皇帝②住的皇宫③。

guó bái　　　　　zǒng tǒng　　bàn gōng　　　　fang
美国白宫④是总统⑤办公⑥的地方。

　　　　wén huà　　　　　jiā　　　　　wán　　　fang
少年宫⑦、文化宫⑧是大家学习和玩⑨的地方。

书写 WRITE

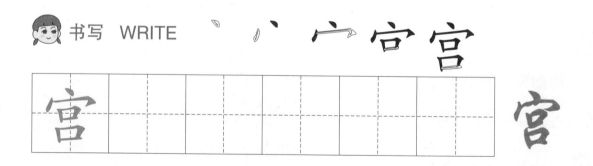

词语解释 Explanation of words and phrases

① 故宫（gù gōng）：the Forbidden City
② 皇帝（huáng dì）：emperor
③ 皇宫（huáng gōng）：imperial palace
④ 白宫（bái gōng）：the White House
⑤ 总统（zǒng tǒng）：president
⑥ 办公（bàn gōng）：handle official business, work in an office
⑦ 少年宫（shào nián gōng）：children's palace, where children learn all kinds of arts
⑧ 文化宫（wén huà gōng）：culture center
⑨ 玩（wán）：to enjoy, to play

向 xiàng　direction / toward

人向高处^①走，水向低^②处流^③。

好好学习，天天向上。

＊＊＊＊＊＊＊＊＊＊＊＊＊＊＊＊＊＊

出门去旅游，有了地图就有方向^④，

不会晕头转向^⑤。

★ The character originally looked like a house with a window in the wall. At first it meant the window facing north; later it came to mean direction.

书写　WRITE　

认一认　NOTE

形似字：向、回、门

近音字：向、象

找一找　SEARCH

哪里有"向"：响、尚

词语解释 Explanation of words and phrases

① 处（chù）: place, location　② 低（dī）: low

③ 流（liú）: to flow　④ 方向（fāng xiàng）: direction, way

⑤ 晕头转向（yūn tóu zhuàn xiàng）: confused and disoriented

行 xíng walk, go, do, O.K.

朴 行 行

人步行①，蛇爬行②，飞机飞行，轮船③航行④。

行人要走人行道⑤，说到做到行不行？

★ The character origi-nally looked like an intersection or cross-road. At first it meant walk, and later it also came to mean "okay".

 书写 WRITE

ノ ク 彳 彳 行 行

行

认一认 NOTE

形似字：行、竹

多音字：行 xíng，háng

找一找 SEARCH

哪里有"行"：街、衡

词语解释 Explanation of words and phrases

① 步行（bù xíng）: to go on foot, to walk

② 爬行（pá xíng）: to crawl, to creep

③ 轮船（lún chuán）: steamboat, ship

④ 航行（háng xíng）: to sail, to fly

⑤ 人行道（rén xíng dào）: footpath, sidewalk（American English）, pavement（British English）

瓦 wǎ　tile

běi　　　　hé yuàn　　　wū dǐng　　　　piàn
北京四合院①，屋顶②是瓦片③；

lì shǐ　　　　　　　qīng cǎo
户户历史④长，瓦上长青草⑤。

★The character originally looked like two tiles fitted together.

 书写　WRITE　

找一找　SEARCH

哪里有"瓦"：瓷、瓶

词语解释 Explanation of words and phrases

① 四合院（sì hé yuàn）：a compound with houses around a courtyard

② 屋顶（wū dǐng）：roof

③ 瓦片（wǎ piàn）：roofing tile

④ 历史（lì shǐ）：history

⑤ 青草（qīng cǎo）：green grass

补充识字　Supplementary characters

（所）以（suǒ）yǐ　therefore　　　　　只 / 隻 zhī　*measure word*

两 / 兩 liǎng　two　　　　　　　　　他　　 tā　he

们 / 們 men　*plural for people*

书写　WRITE

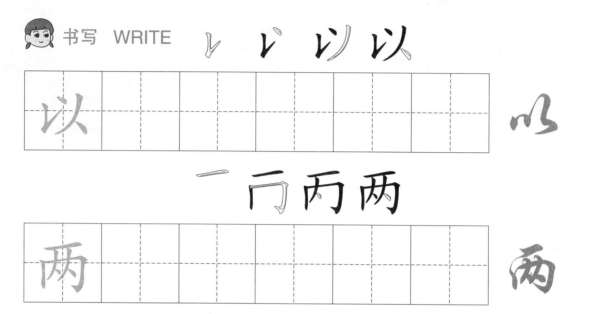

丶　レ　以　以

以

一　厂　丙　两

两

认一认　NOTE

形似字：以、人　两、雨

近音字：们、门

读一读　RAED（1）

两只耳朵是一对，两只小手是一双。
（duì）（shuāng）

两个人可以成双成对，都不能说成二。
（shuāng）（duì）（shuō）

所以，两和二不一样。

两个以上的人要说"我们"、"你们"和"他们"。
（shuō）

读一读　RAED（2）

bĕi　　ān　　　　yòu kuān　　gù　bó wù guǎn　liú lí　shǎn
北京天安门，高大又宽广；故宫博物馆，琉璃①瓦闪光②。

liú lí　　　　jiā jiā　　　　　　　　　bǎi　dìan
向着琉璃厂③走去，一家家、一户户，都是百年老店。

词语解释 Explanation of words and phrases

① 琉璃（liú lí）: colored glaze
② 闪光（shǎn guāng）: flash, reflection from a bright light
③ 琉璃厂（liú lí chǎng）: a street in Beijing where there are many antique shops

读一读　RAED（3）

ná　gēn　　　　　　chéng
有个人拿着一根很长的竹子，向城门走去。

shù qǐ　bǐ　　　　héng　bǐ　kuān
可是，竹子竖起来比门高，横过来比门宽，所

jìn　　chǎng　　　shuō　dào
以，都不能进去。广场上有个女人说：我到上面

gěi　　jìn　hòu　zài
去，你把竹子给我，你进门以后，我再从上面把

gěi　　　shuō
竹子给你。有个老人说：这样不行，看我的。他

yòng jù　　　jù　duàn duàn　shuō　　　jìn
用锯子把竹子锯成一段一段，说：这不就进去

shuō　　　　　bàn fǎ　　　bié　bàn fǎ
了？你说他们两人的办法好吗？还有别的办法

吗？

 猜一猜 GUESS

我走他也走，我停(tíng)他也停(tíng)；

我看着他，他也看着我；

我叫(jiào)他，他不回答(dá)。

学习合体字 *LEARN COMPOUND CHARACTERS*

问	wèn（口部、门部）（問）ask 问题 problem, question ★问 and 门 have the same sound at the end /en/.
间	jiān（日部、门部）（間）*measure word for room* 时 (shí) 间 time　房 (fáng) 间 room ★日 means time. 门 means space.
官	guān（宀部）government official 法 (fǎ) 官 judge　器官 part of the body, apparatus
街	jiē（彳部）street 大街 avenue　上街 go shopping, go on the street ★行 means "street". 街 and 圭 (guī) had similar pronunciation in ancient times.
扇	shàn（户部）fan, measure word for door and window 扇子 fan　一扇门 a door ★扇 is like wing movement, or like the opening and closing of a door.
职	zhí（耳部）（職）duty, job 职员 (yuán) staff member, office clerk　职业 occupation, profession ★职 and 只 differ only in tone.

斤 jīn half a kilogram

　　　　　　　　　　　bàn
过去一斤是十六两，半斤就是八两；

★ The character originally looked like an ax. Now it is used as a measure word for weight.

bàn　　　　　　zhòng　chà　　　　jiào　bàn
半斤和八两一样重，差不多就叫"半斤八两"。

＊ ＊

mǎi　mǎi　　　　　　qīng
买米买瓜，一斤一角要看清；

you zhī　　　　jì jiào
朋友之间，斤斤计较① 可不行。

 书写 WRITE

 认一认 NOTE

　　近音字：京

 找一找 SEARCH

　　哪里有"斤"：斧、新、近、听

词语解释 Explanation of words and phrases

① 斤斤计较（jīn jīn jì jiào）：to argue over small things, to haggle over everything

兵 bīng　weapon, soldier

^{shì}
士兵①有很多种：步兵②、^{qí}骑兵③、^{pào}炮兵④、水兵⑤……

步兵地上走，^{qí}骑兵马上坐，

^{pào}炮兵^{kāi}开大^{pào}炮⑥，水兵坐大^{chuán}船⑦。

^{yòng}学会用^{qì}兵器⑧，要做好^{shì}士兵。

★ The character originally looked like two hands holding a weapon, and meant "weapon". It later also came to mean "soldier".

 书写　WRITE

认一认　NOTE

　　形似字：兵、斤、六

找一找　SEARCH

　　哪里有"兵"：宾

词语解释 Explanation of words and phrases

① 士兵（shì bīng）: soldier

② 步兵（bù bīng）: infantry, army, foot soldier

③ 骑兵（qí bīng）: cavalry, cavalryman

④ 炮兵（pào bīng）: artillery

⑤ 水兵（shuǐ bīng）: seaman, sailor

⑥ 大炮（dà pào）: cannon

⑦ 船（chuán）: ship

⑧ 兵器（bīng qì）: weapon

弓 gōng bow　　引 yǐn to cause, to lead

_{gǔ} _{yòng} _{jiàn} _{dǎ liè}
古人①用 弓 箭②打猎③，

_{zhàng}
也用弓箭打仗④，

_{ná} _{wān} _{wān}
拿在手里弯⑤弯的是弓，

_{shè} _{zhí} _{zhí}
射⑥出去直⑦直的是箭。

★ "弓" originally looked like a bow; it later also came to mean "bend". "引" originally meant to draw a bow; now it also means to lead.

＊ ＊ ＊ ＊ ＊ ＊ ＊ ＊ ＊ ＊ ＊ ＊ ＊ ＊ ＊ ＊ ＊ ＊ ＊ ＊

_{huài} _{jiào} _{shé} _{dòng}
把坏人引出来叫"引蛇出洞⑤"。

_{huài} _{dào jiā} _{láng} _{rù shì}
把坏人引到家里来，是"引狼⑥入室⑦"。

📖 书写　WRITE

认一认　NOTE

形似字：弓、马

同音字：弓、宫

找一找　SEARCH

哪里有"弓"、"引"：张、弹、躬、蚓

词语解释 Explanation of words and phrases

① 古人（gǔ rén）：acient people

② 箭（jiàn）：arrow

③ 打猎（dǎ liè）：to hunt

④ 打仗（dǎ zhàng）：to fight

⑤ 弯（wān）：curve

⑥ 射（shè）：to shoot

⑦ 直（zhí）：straight

⑧ 洞（dòng）：hole

⑨ 狼（láng）：wolf

⑩ 室（shì）：room

丸 wán   pellet, pill

★The character originally looked like a small ball in a hand.

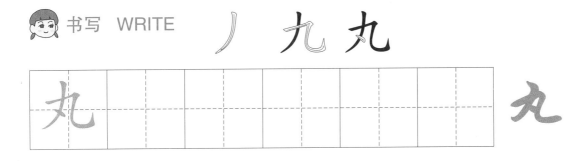

　　　　　　kuài qián　　　　　　　　　　kuài qián
鱼丸一斤四块钱，肉丸两斤五块钱，

jià qian shí　　　pián yi
价钱①实在很便宜，引得众人都来买。

 书写 WRITE   丿 九 丸

丸					

丸

认一认 NOTE

形似字：丸、九、瓦

词语解释 Explanation of words and phrases

① 价钱（jià qian）：price

补充识字 Supplementary characters

用　yòng　use, by

说 / 说　shuō　say

（什）么 / （甚）麽　(shén) me　what

听　tīng　hear

 书写　WRITE

冂　月　用

用

用

丿　幺　么

么

么

认一认　NOTE

形似字：所、户、斤　　用、角、田、月　　么、云

读一读　READ（1）

zǎo chén
早晨见面说什么？天天见面说什么？

bié　bāng zhù　　　　　　　　　cǎi　bié
别人帮助了你说什么？不小心踩①了别人说什么？

zǎo chén　　　　　　　zǎo
早晨见面说"你早"，　天天见面说"你好"，

bié   bāng zhù   xiè xie   cǎi   bié   duì qǐ
别人帮助说"谢谢"，踩了别人说"对不起"。

词语解释 Explanation of words and phrases

① 踩（cǎi）：to step on, to trample

读一读 READ （2）

huà   lù
用什么说话？用什么走路？

shuā   xǐ liǎn
用什么刷牙？用什么洗脸？

zuǐ ba   huà jiǎo   lù   shuā shuā   jīn xǐ liǎn
嘴巴说话脚走路，牙刷刷牙毛巾洗脸。

读一读 READ （3）

huì   huì yóu
什么鸟不会飞？什么鱼不会游？

tuó   qǐ é   huì   huì yóu
鸵鸟、企鹅①不会飞，木鱼②不会游。

gēng   pǎo
什么牛不耕田③？什么马不能跑？

gēng   huì pǎo
天牛④不耕田，木马不会跑。

shù   kāi
什么山不长树？什么门不能开？

shù   qiú   kāi
火山⑤不长树，球门不能开。

kāi   huì huà
什么口不能开？什么人不会说话？

kāi   yǎ ba   huì huà
风口⑥不能开，哑巴⑦不会说话。

词语解释 Explanation of words and phrases

① 企鹅（qǐ é）：penguin

② 木鱼（mù yú）：wooden fish, a percussion instrument made of a hollow wooden block, originally used by Buddhist priests to tap the rhythm when chanting scriptures

③ 耕田（gēng tián）：to plow（plough）up

④ 天牛（tiān niú）：a kind of insect, long-horned beetle

⑤ 火山（huǒ shān）：volcano

⑥ 风口（fēng kǒu）：place with a draft（draught）

⑦ 哑巴（yǎ ba）：unable to speak（mute）

读一读　READ（4）

　　有两个人学下棋(qí)。一个学生很用心①，老师(shī)说什么，他都记②(jì)在心里。还有一个学生心里在想(xiǎng)：如果(rú)有一只鸟飞过来，我就可以用弓把鸟射(shè)下来，回去在火上烤(kǎo)一烤(kǎo)，再买(zài mǎi)一斤(jiǔ)酒，好好地吃一顿(dùn)。老师(shī)叫他们下棋(qí)，结(jié)果，那个想(xiǎng)着射(shè)鸟的学生输(shū)到只有一个兵。

词语解释 Explanation of words and phrases

① 用心（yòng xīn）：hard-working, diligent, attentive

② 记（jì）：to bear in mind, to remember, to mark

③ 烤（kǎo）：to bake

④ 输（shū）：to defeat, to lose

学习合体字 *LEARN COMPOUND CHARACTERS*

强	qiáng（弓部）（強、彊）strong, better 强大 big and powerful　　富强 prosperous and strong	强		
张	zhāng（弓部）（張）open, spread 张开 open　　开张 open a business　　夸张 exaggerate ★It first meant drawing a bow. 张 and 长 differ only in tone.	张		

工 gōng work

工 　 工

　　　　　zuò　　　　　　　xīn kǔ máng　zuò
工厂里面工作多，工人辛苦忙工作。

★The character originally looked like a tool (a kind of ruler) used by a wood-worker.

　jiā　　　　　　　chǎn　　jiā　huó gèng fāng biàn
加工①很多好产品②，大家生活更方便。

 书写　WRITE　

认一认　NOTE

形似字：工、土

同音字：工、宫、弓

找一找　SEARCH

哪里有"工"：左、功、空、红

词语解释 Explanation of words and phrases

① 加工（jiā gōng）: to process

② 产品（chǎn pǐn）: product, manufactured goods

刀 dāo knife

丿 刀 刀

★The character originally looked like a knife.

要吃水果，拿刀去皮^①。
ná　pí

要做好饭，拿刀切^②菜。
fàn　ná　qiè cài

要写文字，拿刀削^③笔。
xiě wén　ná　xiāo bǐ

刀的用处很多，一定要用在刀口上。
chù　dìng

书写 WRITE 丁 刀

刀								刀

找一找 SEARCH

哪里有"刀"：分、剪、召

词语解释 Explanation of words and phrases

① 去皮（qù pí）：to peel off

② 切（qiē）：to cut

③ 削（xiāo）：to pare with a knife

力 lì　strength, force, power

拉(lā)弓要用力，不能省①(shěng)力气；

学习要努(nǔ)力，不能怕吃(pà)力②。

能助(zhù)人一臂(bì)之(zhī)力③，就不要说"无(wú)能为(wéi)力④"。

> ★ The cheracter looked like a plough. And now it also means force, because it needs force to plough.

 书写　WRITE

 认一认　NOTE

形似字：力、九、刀

 找一找　SEARCH

哪里有"力"：办、劳、动、男、历

词语解释 Explanation of words and phrases

① 省（shěng）: to save

② 吃力（chī lì）: tired, to require strenuous effort, to be a strain

③ 助人一臂之力（zhù rén yī bì zhī lì）: give somebody a hand; 助(zhù): help; 臂(bì): arm

④ 无能为力（wú néng wéi lì）: powerless, helpless, incapable of action

网 wǎng net

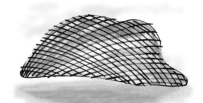 

bǎi　　　luó　　　　jiào huài　　　　wéi lòu　zhī
摆①下天罗地网②，叫坏人不能成为漏网③之鱼。

nǎo　luò xī　　　　　　　　zhī dào　　　shì
电脑网络④吸引⑤人，上网⑥可以知道天下大事。

＊ ＊ ＊ ＊ ＊ ＊ ＊ ＊ ＊ ＊ ＊ ＊ ＊ ＊ ＊ ＊ ＊ ＊

nǔ　　　　　　　dǎ yú　　　shài
努力学习，不能三天打渔，两天晒网⑦。

★The character originally looked like a net for fishing or hunting.

 书写 WRITE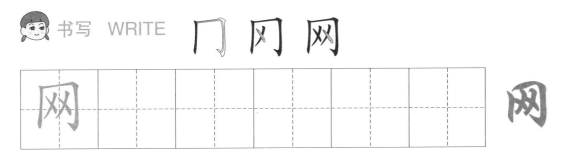

认一认 NOTE

形似字：网、两

词语解释 Explanation of words and phrases

① 摆（bǎi）: to put, to settle

② 天罗地网（tiān luó dì wǎng）: an inescapable net, an all-pervasive net

③ 漏网（lòu wǎng）: to get away, to escape unpunished

④ 网络（wǎng luò）: network, the Internet

⑤ 吸引（xī yǐn）: to attract

⑥ 上网（shàng wǎng）: to go on the Internet

⑦ 三天打渔, 两天晒网（sān tiān dǎ yú, liǎng tiān shài wǎng）: to go fishing for three days and dry the nets for two; to work by fits and starts, to lack perseverance

车（車） chē　car, vehicle

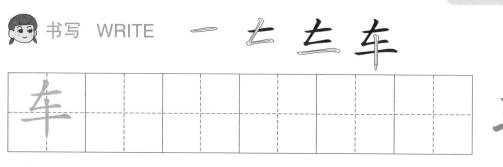

马路①上车水马龙②，有汽车、电车③和自行车。

骑车的去上学，坐车、开车的去工厂做工④。

你见过纺车⑤、水车⑥、风车⑦吗？

★The character originally looked like a vehicle in ancient times, with two wheels and a carrige for people or goods.

书写　WRITE　一 七 七 车

车						

车

找一找　SEARCH

哪里有"车"：轮、军、输

词语解释 Explanation of words and phrases

① 马路（mǎ lù）：street

② 车水马龙（chē shuǐ mǎ lóng）：heavy traffic

③ 电车（diàn chē）：trolley (bus or car)

④ 做工（zuò gōng）：working

⑤ 纺车（fǎng chē）：spinning wheel

⑥ 水车（shuǐ chē）：mill wheel, waterwheel

⑦ 风车（fēng chē）：windmill

舟 zhōu　boat

pliāo　　　　　　　huá jiǎng　màn
小舟漂①在水面上，一人划桨②舟慢行。

> ★The character originally looked like a small boat made by a big tree.

nì　　　　　　xīn kǔ　　shùn　tuī　　　kuài
"逆水行舟③"很辛苦，"顺水推舟④"走得快。

书写　WRITE

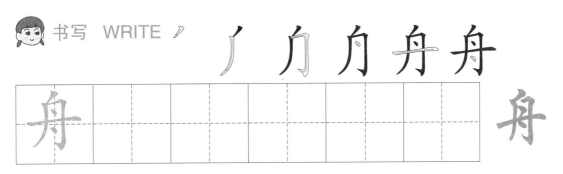

认一认　NOTE

形似字：舟、月

找一找　SEARCH

哪里有"舟"：船、舰、航

词语解释 Explanation of words and phrases

① 漂（piāo）：to wave to and fro

② 划桨（huá jiǎng）：to oar, to paddle

③ 逆水行舟（nì shuǐ xíng zhōu）：to sail upstream (against the current)

④ 顺水推舟（shùn shuǐ tuī zhōu）：to sail downstream, often meaning to make use of an opportunity

读一读　READ （1）

　　学生到学校去学习。可以走着去，也可以坐

车去。出门向前走，人来人往好热闹，有上班的

工人、有上学的学生；过马路要小心，人来车往

有危险，要多看两边的车子。

读一读　READ （2）

猜 四 种 动 物

坐也是行，立也是行，睡也是行，行还是行。

行也是坐，睡也是坐，立也是坐，坐还是坐。

睡也是立，行也是立，坐也是立，立还是立。

立也是睡，坐也是睡，行也是睡，睡还是睡。

（鱼、蛙、马、蛇）

读一读　READ （3）

有问^{tí}题要问，也要学，不学不问就会有问^{huì}

^{tí}题。学^{xiào}校里可以学^{dào}到很多学问①，有了学问还会^{huì}

有问^{tí}题，有了问^{tí}题还要学，还要问。问你、问他

都可以，孔^{kǒng}子②说："三人行，必^{bì}③有我师^{shī}④。"就

是说，每个人都有好的地^{fang}方，你都可以向他们学

习，问他们问^{tí}题，他们都可以做你的老师^{shī}。

词语解释 Explanation of words and phrases

① 学问（xué wèn）：knowledge, learning, scholarship

② 孔子（kǒng zǐ）：Confucius

③ 必（bì）：must

④ 师（shī）：teacher

读一读　READ （4）

有个人坐在马车上，马车飞快^{kuài}地走着。他的

朋友^{you}问他去什么地^{fang}方，他说去北^{běi}京。他的朋友^{you}

说："北^{běi}京在北^{běi}面，你为^{wèi}什么向南^{nán}走?"他回答^{dá}

说：“你看，我的马这么好，走得多有力。我也

有很多米和肉，还有很多有用的工具^{jù}①。我一定

能到那里的。”^{dào}

词语解释 Explanation of words and phrases

① 工具（gōng jù）：tool

学习合体字 LEARN COMPOUND CHARACTERS

另	lìng（口部）additional, another, else 另外 in addition, otherwise, moreover, besides ★另 and 力 have the same pronunciation at the beginning /l/	另
解	jiě（角部）divide, separate, explain 解释 explain　解决（jué）solve　了解 know, understand ★ In acient time, it meant to seperate an ox flesh, and now it means to analyze the meaning of a word.	解
差	chāi（工部）job，chā difference，chà less 出差（chāi）business trip　差（chā）别 disparity 差（chà）不多 almost　一点差（chà）十分 ten to one	差
船	chuán（舟部）boat, ship 划船 go boating, row ★船 and 沿（yán）have the same pronunciation at the end /án/.	船

衣 yī clothes

介 仑 衣 衣

fu　　　　chuān
衣服有很多，穿衣有学问：

> ★The character originally looked like archaic clothes, with a collar and two sleeves.

chuān　　　lěng chuān
下雨穿雨衣，天冷穿毛衣；

shuì　　shuì
晚上睡觉穿睡衣①。

 书写 WRITE　一 亠 亣 衣

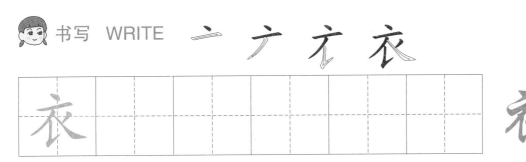

衣

 认一认 NOTE

同音字：衣、一

找一找 SEARCH

哪里有"衣"：袋、裳、依

词语解释 Explanation of words and phrases

① 睡衣（shuì yī）：bedgown, pajamas

巾　jīn　a piece of cloth

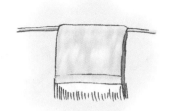　　

xǐ liǎn　　　　fàn cān
洗脸用毛巾，吃饭用餐巾①；

★ The character originally
looked like a towel.

dōng　　wéi　　　　shā　　　　　　huì
冬天用围巾②，风沙③很大，女人会用头巾④。

书写　WRITE　

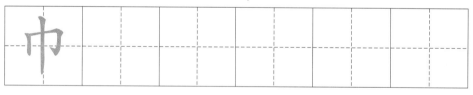　

认一认　NOTE

形似字：巾、中

同音字：巾、斤

近音字：巾、京

找一找　SEARCH

哪里有"巾"：帘、帕、帽、带

词语解释 Explanation of words and phrases

① 餐巾（cān jīn）：napkin

② 围巾（wéi jīn）：scarf

③ 风沙（fēng shā）：sandstorm, sand blown by wind

④ 头巾（tóu jīn）：scarf, kerchief, headband

带（帶） dài belt, bring with, carry

bà ba zǎo   dòng zuò kuài
爸爸早上动作快，

> ★ The character originally looked like a belt made of silk. It also means to tie or carry things now.

shù   pí   dài lǐng   qián bāo   jì   xié
束①好皮带②戴③领带④，带上钱包⑤系⑥鞋带。

书写 WRITE　一 艹 卅 芾 带

带						

认一认 NOTE

形似字：带、巾

找一找 SEARCH

哪里有"带"：滞

词语解释 Explanation of words and phrases

① 束（shù）：to tie

② 皮带（pí dài）：leather belt, strap

③ 戴（dài）：to wear, put on

④ 领带（lǐng dài）：tie (neckcloth)

⑤ 钱包（qián bāo）：wallet

⑥ 系（jì）：to tie

贝（貝）bèi shell

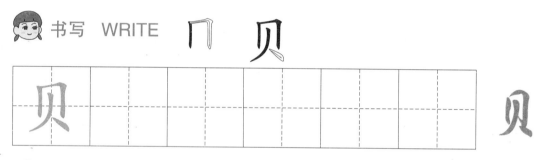

★The character originally looked like a seashell. "贝" was used as money in ancient times.

妈妈带着小宝贝①，来到海边②拾③贝壳④。

小贝壳，亮⑤晶晶，好像天上小星星⑥。

 书写 WRITE   冂 贝

贝							贝

认一认 NOTE

形似字：见

找一找 SEARCH

哪里有"贝"：财、费、贺

词语解释 Explanation of words and phrases

① 宝贝（bǎo bèi）：treasure, darling, baby

② 海边（hǎi biān）：seaside, beside the sea

③ 拾（shí）：to pick up

④ 贝壳（bèi ké）：shell

⑤ 亮（liàng）：bright

⑥ 星星（xīng xing）：star

金 jīn　gold, golden, metal, money

金　金　金

★The character's bottom looks like something under the ground (土). The top is "今 (jīn)", sound part. 金 and 今 have the same pronunciation.

bǐ sài　dé dào　dì　　　　　　　dé dào　　pái
比赛①得到②第一名③，可以得到金牌④。

jì　　　　　　ná dào jiǎng
学生学习成绩⑤好，就能拿到奖学金⑥。

👧 书写　WRITE　　人 今 仝 全 金 金

金								金

😟 认一认　NOTE

同音字：金、斤、巾

近音字：金、京

词语解释 Explanation of words and phrases

① 比赛（bǐ sài）：march, competition, game

② 得到（dé dào）：to get, to receive

③ 第一名（dì yī míng）：the top, number one, champion

④ 金牌（jīn pái）：gold metal

⑤ 成绩（chéng jì）：achievment, grade, result, mark

⑥ 奖学金（jiǎng xué jīn）：award for excellence in one's studies

王　wáng　king

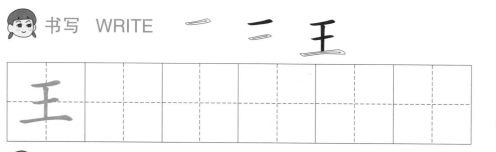

fèng huáng　　　bǎi　zhī　　　　　　bǎi shòu　zhī
凤　凰①是百鸟之王，老虎是百兽②之王，

mǔ dān　　　　bǎi huā zhī　　　guó　　　　guó zhī
牡丹③是百花之王，国王是一国之王。

> ★ The character originally looked like an ax (weapon). Because the king always holds an ax, it represents power.

guó　　　　qī　　　　　　hòu　　　guó
国王的妻子④是王后⑤，国王的儿子是王子⑥，

　　　　　　　zhù
他们都住在王宫⑦里。

👧 书写　WRITE　一　二　王

王								王

👧 认一认　NOTE

形似字：王、工、土　　　　　　近音字：王、网

👧 找一找　SEARCH

哪里有"王"：皇、狂、珍、珠

词语解释 Explanation of words and phrases

① 凤凰（fèng huáng）：phoenix, a bird of wonder　② 兽（shòu）：beast, animal

③ 牡丹（mǔ dān）：peony　　　　　　　　　　　④ 妻子（qī zi）：wife

⑤ 王后（wáng hòu）：queen　　　　　　　　　　⑥ 王子（wáng zǐ）：prince

⑦ 王宫（wáng gōng）：palace

玉　yù　jade

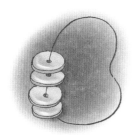

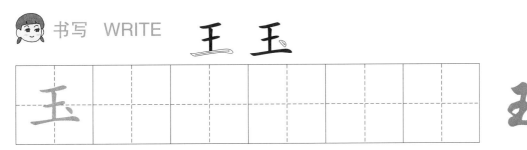

tè bié　　　　　　　　　　　　　zhuāng shì
玉是一种特别的石头，可以做成很多装饰品①：

diāo　　　　zhuó
见过玉石、玉雕②、玉手镯③吗？

> ★ The character originally looked like a string with three pieces of jade.

玉米很好吃，可不是石头。

书写　WRITE

王　玉

玉						

玉

认一认　NOTE

　　形似字：玉、王

　　近音字：玉、鱼、雨、羽

找一找　SEARCH

　　哪里有"玉"：璧、莹

词语解释 Explanation of words and phrases

① 装饰品（zhuāng shì pǐn）：ornament　　② 雕（diāo）：to carve

③ 手镯（shǒu zhuó）：bracelet

补充识字 Supplementary characters

到　dào to reach　　　　　　　　家　jiā　home / family

读一读　READ（1）

你到家了吗？我到家了。

他到家了吗？他到家了。

她到家了吗？她到家了。

妈妈到家了吗？妈妈到家了。

哥哥到家了吗？哥哥到家了。

大家都到家，全家团圆了。
<small>（quán　tuán yuán）</small>

读一读　READ（2）

王小姐穿着大衣，脖子上戴着金项链①，腰上束着
<small>（jiě chuān）　　（bó dài）　（xiàng liàn）　（yāo shù）</small>

皮带，手上戴着玉手镯，全身上下金光闪闪。
<small>（pí dài）　（zhuó quán）　　　　（shǎn shǎn）</small>

词语解释 Explanation of words and phrases

① 项链（xiàng liàn）：necklace

读一读　READ（3）

星期天，天气很好，没有风，也没有雨。父母
<small>（xīng qī）</small>

带我出门去，一家人坐上火车，来到乡下。只看
<small>（xiāng）</small>

见：高高的山上鸟在飞，清清的水里鱼在游。云
<small>（qīng qīng）　　　（yóu）</small>

在天上走，牛羊地上跑。田里种西瓜，山下有竹
<small>（pǎo）　　　（xī）</small>

林。我们来到小河边，一边散步①，一边说话。金
<small>（hé biān）　　（sàn）　　（huà）</small>

_{sè} _{yáng} _{sǎ}   _{zhēn} _{kuài lè} _{xīng qī} _a
色的阳光②洒③在我们身上。真是快乐的星期天啊!

词语解释 Explanation of words and phrases

① 散步（sàn bù）: to take a walk   ② 阳光（yáng guāng）: sunshine
③ 洒（sǎ）: to sprinkle, to spill

 读一读 **READ** （4）

一 家 子

_{wài}   _{shēn}   _{gěi}
小牛从外面回到家，伸①出小手，给妈妈看他

_{shǒu xīn}
手心②里的小毛毛虫③，说:"看看这是什么?" 妈

_{zuì pà}   _{wài}
妈最怕毛毛虫了，就说:"小牛，把他带到外面去

_{dìng} _{zháo jí}   _{zhǎo} _{bǎo} _{ne}
好吗? 虫妈妈一定在着急④地找虫宝贝呢。"

_{zhuǎn}   _{sōng}
小牛转身从家里走了出去，妈妈松⑤了一口

_{yòu}
气。可是不一会儿，小牛又回来了，手上大大小

小有很多毛毛虫。小牛说:"妈妈，这下好了!

_{bǎo}   _{qiān}
看! 这是大王⑥，那是他的宝贝儿子和千金⑦小

_{jie}
姐，我把他们一家子都带来了。"

词语解释 Explanation of words and phrases

① 伸（shēn）: to stretch, to extend   ② 手心（shǒu xīn）: the palm of the hand

③ 毛毛虫（máo máo chóng）: caterpillar   ④ 着急（zháo jí）: to feel anxious, to worry

⑤ 松（sōng）: to relax   ⑥ 大王（dà wáng）: king

⑦ 千金（qiān jīn）: treasure, noble

 读一读　READ（5）

没有机会①

儿子从学校(xiào)回到家，头上、手上和身上的衣服(fu)都很脏(zāng)②。妈妈看见了，生气③地说："我的小宝贝(bǎo)，快(kuài)去用毛巾洗(xǐ)一洗(xǐ)！你什么时候(shí hou)看到我像(xiàng)你那样不爱干净(ài gān jìng)，手上、头上和身上的衣服(fu)都那么脏(zāng)！"

儿子回答(dá)说："我怎(zěn)么有机会(jī huì)看见您(nín)小时候(shí hou)的样子(ne)④呢(ne)？"

词语解释 Explanation of words and phrases

① 机会（jī huì）：chance
② 脏（zāng）：dirty
③ 生气（shēng qì）：angry
④ 样子（yàng zi）：style, shape

 读一读　READ（6）

从前(qián)，山里有两家人家，一家是王小林，一家是金大力。有一天，金大力家的牛把王小林地

里的瓜都吃光①了。王小林说:"你用什么还^{huán}

我?"金大力说:"我没有吃你的瓜,是牛吃的,

你向我的牛去要②。"王小林只好去找法官③^{fǎ}。王

小林的妈妈说:"法官^{fǎ}看的是钱^{qián},我们家没什么

钱^{qián},法官^{fǎ}不会帮^{bāng}我们的。"王小林就穿^{chuān}上家里最^{zuì}

好的衣服^{fu},头巾上面缝^{féng}了一块^{kuài}亮亮的⑥石头,口

袋^{dài}⑦里也放^{fàng}了几块^{kuài}石头,来到了法官^{fǎ}那里。法官^{fǎ}

看见王小林头巾上的石头,以为^{wéi}⑧是玉,又看

见他的口袋^{dài}里好像^{xiàng}有很多东西^{dōng xi},心里想^{xiǎng}:这个人

很有钱^{qián}⑨,口袋^{dài}里一定^{dìng}带了宝^{bǎo}贝。就说:"金大力

要赔^{péi}⑩王小林钱^{qián}。"

词语解释 Explanation of words and phrases

① 光（guāng）: used up, nothing left
② 要（yào）: to ask for, to demand
③ 法官（fǎ guān）: judge
④ 帮（bāng）: to help
⑤ 缝（féng）: to sew

⑥ 光光的（guāng guāng de）：smooth, glossy, polished

⑦ 口袋（kǒu dài）：pocket

⑧ 以为（yǐ wéi）：consider, think, believe

⑨ 有钱（yǒu qián）：rich

⑩ 赔（péi）：to compensate, to pay for

学习合体字 *LEARN COMPOUND CHARACTERS*

币	bì（巾部）（幣）money 人民 (mín) 币 RMB, the Chinese currency　硬 (yìng) 币coin ★ In ancient times, silk and other kinds of cloth could be used as money.	币
布	bù（巾部）cloth, fabric 分 (fēn) 布 to distribute　布置 (zhì) to arrange, to decorate ★The top part is like a hand, indicating holding a towel.	布
裹	guǒ（衣部）to wrap 包 (bāo) 裹 package, wrap ★ The outside part, 衣, means clothing covers the body. The inside part, 果, is sound part.	裹
夜	yè（夕部）night 半 (bàn) 夜 midnight ★The inside part, 夕, means evening. The outside part, 衣, is sound part.	夜

几　jī　tea table；（幾）jǐ　several, how many, which

★ The character originally looked like a small tea table.

yǐ　　shā fā biān　　hū　　chá
椅子、沙发①边上几乎②都有茶几。

　　　　　　　　　　　liàng
你家有几口人？几扇门？几辆车？

👧 书写　WRITE

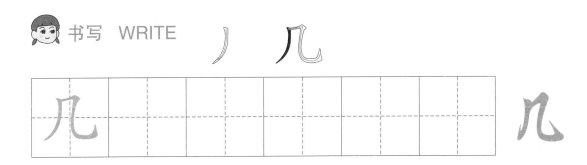

👧 认一认　NOTE

　　形似字：几、儿、九

👧 找一找　SEARCH

　　哪里有"几"：凳、机、肌

词语解释 Explanation of words and phrases

① 沙发（shā fā）：sofa
② 几乎（jī hū）：almost

平 píng equal, calm, flat

★ The character originally looked like a balance.

xìng xìng   bān   ān ān   jiā
高高兴兴上班，平平安安①回家。

shì   cháng
做事要心平气和②，做人要有平常心③。

书写 WRITE 一 丆 平 平

平							平

认一认 NOTE

形似字：平、来、米

找一找 SEARCH

哪里有"平"：苹、评

词语解释 Explanation of words and phrases

① 平安（píng ān）: safe, secure, safety
② 心平气和（xīn píng qì hé）: calm, peaceful
③ 平常心（píng cháng xīn）: without high aspirations

今 jīn　now, today

今天是几月几日星期几？
_{xīng qī}

＊＊＊＊＊＊＊＊＊＊＊＊＊＊＊

"今后①要努力"，就是从今天做起②。
_{hòu} _{nǔ} _{qǐ}

今天的事情今天做完③，不要推④到明天。
_{shì} _{wán} _{tuī} _{míng}

★The character originally looked like a bell.

 书写　WRITE

认一认　NOTE

形似字：今、金　　　　近音字：今、京

同音字：今、斤、巾、金

找一找　SEARCH

哪里有"今"：琴、念

词语解释 Explanation of words and phrases

① 今后（jīn hòu）: later, from now on

② 做起（zuò qǐ）: to begin to do something

③ 完（wán）: to finish

④ 推（tuī）: to push, to put off (delay)

伞（傘）săn　umbrella

★ The character originally looked like a big umbrella (usually on a carriage) used by emperors or rich people in ancient times.

下雨天要带雨伞，出太阳可以带阳伞①。

海边要用沙滩伞，跳伞②一定用降落伞③。

书写 WRITE　人 𠆢 仐 伞

认一认 NOTE

形似字：伞、金、今、平

近音字：伞、三

词语解释 Explanation of words and phrases

① 阳伞（yáng săn）：parasol（sunshade）

② 跳伞（tiào săn）：to make a parachute jump

③ 降落伞（jiàng luò săn）：parachute

串　chuàn　bunch, cluster (measure word for grape or banana, etc.)

★The character originally looked like food threaded on a stick.

夏天①吃一串串葡萄②，味道③甜美④心情⑤好。

过年放一串串鞭炮⑥，来年好事一连串。

书写　WRITE　冂 吕 串

串　　　　　　　　　串

找一找　SEARCH

哪里有"串"：窜

词语解释 Explanation of words and phrases

① 夏天（xià tiān）：summer
② 葡萄（pú tao）：grape
③ 味道（wèi dào）：taste
④ 甜美（tián měi）：sweet
⑤ 心情（xīn qíng）：mood
⑥ 鞭炮（biān pào）：firecracker

会（會）huì meet, meeting, can, be able to

會會会　会

_{zhōumò}　　_{wǔ}　　_{jié}　　_{wǎn}　　_{xīn}　　_{yīn yuè}
周末有舞会①，节日②有晚会，新年还有音乐会③。

_{xiū xi}　　_{cái}　　_{zuò}
会休息的人才会工作，

_{zuò}　　　_{cái}　　　_{gèng}　_{dōng xi}
会工作的人才能学会更多东西。

★ The character originally looked like a bamboo steamer with a cover. It means coming together.

 书写 WRITE

 人 今 会

 会

认一认 NOTE

　　形似字：会、今、金、云

　　近音字：会、回

找一找 SEARCH

　　哪里有"会"：绘

猜一猜 GUESS

　　　　　　　　　　　　_{jiǎo}
　　人在高处走，云在脚下行。

词语解释 Explanation of words and phrases

① 舞会（wǔ huì）：ball (dance)　　　② 节日（jié rì）：festival
③ 音乐会（yīn yuè huì）：concert

合　hé　to cover or close, to fit or be suitable, to cooperate

合 合 合

^{chuān}　　　^{shì}　　　　^{gé}　　^{zuò}　^{zuò}
穿衣要合适①，学习要合格②，工作要合作③，

＊＊＊＊＊＊＊＊＊＊＊＊＊＊＊＊＊＊＊＊＊

你和同学合得来④合不来？

★The character originally looked like a box with a cover. It means coming together.

 书写　WRITE　

合						

合

 认一认　NOTE

　　形似字：合、会、今、金

　　同音字：合、和、禾

 找一找　SEARCH

　　哪里有"合"：盒、鸽、给

词语解释 Explanation of words and phrases

① 合适（hé shì）：suitable, appropriate

② 合格（hé gé）：qualified, up to standard

③ 合作（hé zuò）：to cooperate

④ 合得来（hé de lái）：to get along well

补充识字 Supplementary characters

开 / 開 kāi to open   作 zuò to do, to work

书写 WRITE 二 开

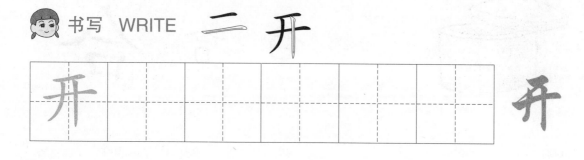

开   开

读一读 READ （1）

　　今天，我们几个人出去串门，说好①在小王家会

合②。小王的家在一个小山上，平时③，从他家的窗 (shí) (chuāng)

户看出去，可以看到马路上的行人和来来去去的车 (lù)

子。我们到了他家以后，天下起雨来了。我们看到马 (hòu) (qǐ)

路上的行人④一个个打着伞⑤，五颜六色的，就像一朵 (lù) (yán) (sè) (xiàng)

朵的花，很好看。不一会儿，马路上开⑥满⑦了"花"。 (huā) (lù) (mǎn) (huā)

词语解释 Explanation of words and phrases

① 说好（shuō hǎo）：to agree on a plan

② 会合（huì hé）：to meet, to converage, to assemble

③ 平时（píng shí）：in normal times

④ 行人（xíng rén）：pedestrian

⑤ 打伞（dǎ sǎn）：to hold up an umbrella

⑥ 开花（kāi huā）：to bloom, to blossom

⑦ 满（mǎn）：full

读一读　READ（2）

星期天，我正在家里做作业，爸爸不工作，也

在家。这时，来了一个电话，是我的老师，他要来

家访。不一会儿，他开着车来了，我开门请他进来，

老师一开口就说我作业做得很好，平时学习认真，

以后一定能考上①好的大学。我听了很高兴，爸爸更

高兴，说："做完作业，开车带你出去玩儿。"

词语解释 Explanation of words and phrases

① 考上（kǎo shàng）：to pass an examination

读一读　READ（3）

今天是我的生日，我要在家里开一个生日晚

会。过生日是高兴的事，我会请很多人到家里来。

我还向妈妈学习了做生日蛋糕。我要感谢妈妈，

没有她，就不会有我。

读一读　READ（4）

有一个老人，他有两个儿子。平时，大儿子卖

伞，小儿子卖米。下雨天，老人想：今天，小儿子的

米没几个人买了。天气好了，老人又想：今天，大儿

子的伞没几个人买了。所以，老人天天都不开心。有

一个人来串门，说："你这样想就好了：下雨天，会

有很多人去买大儿子的伞；天气好了，会有很多人去

买小儿子的米。那么，你就会天天很开心了。"

读一读　READ（5）

有两个人合作做酒①。一个人说："你出米，我出水。"

酒做好了。这个人又说："你拿你的米，我拿我的水。"

词语解释 Explanation of words and phrases

① 做酒（zuò jiǔ）：make wine

学习合体字 *LEARN COMPOUND CHARACTERS*

机	jī　（木部）（機）machine, plane, chance 飞机 airplane, 机会 chance, opportunity ★Machines were made of wood at first. 机 and 几 have the same sound.	机		
肌	jī　（肉［月］部）flesh 肌肉 muscle ★月（肉）means a part of the body. 肌 and 几 have the same sound.	肌		
拿	ná　（手部）hold, take 拿手 expert, skillful　推（tuī）拿 massage ★It means action with the hand.	拿		

册 cè volume

★The character originally looked like a book made of bamboo. In ancient times, people cut bamboo into long narrow strips, wrote characters on them, and then tied them together with a string.

kè běn
课本有上下册，开学①要学第一册；

yè liàn   shī   diǎn
学生做作业用练习册②，老师手里有点名册③。

书写 WRITE
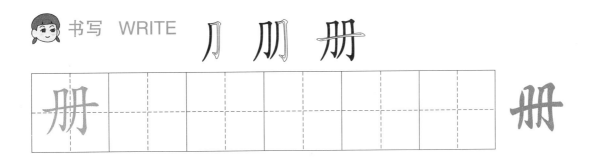

找一找 SEARCH

哪里有"册"：珊、删

词语解释 Explanation of words and phrases

① 开学（kāi xué）：the beginning of a school term
② 练习册（liàn xí cè）：exercise book
③ 点名册（diǎn míng cè）：roll book

典 diǎn law, standard, ceremony

开学有开学典礼①，毕业②有毕业典礼。

认字学会用字典③，说话造句④找词典⑤。

书写 WRITE 冂 冂 曲 曲 典

典   典

认一认 NOTE

形似字：典、册、兵

近音字：典、电

找一找 SEARCH

哪里有"典"：碘

词语解释 Explanation of words and phrases

① 典礼（diǎn lǐ）：ceremony
② 毕业（bì yè）：to graduate
③ 字典（zì diǎn）：Chinese character dictionary
④ 造句（zào jù）：to make a sentence
⑤ 词典（cí diǎn）：dictionary

文　wén　character (pictograph), writing, culture

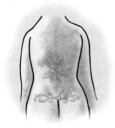

> ★The character originally looked like a person with a tattoo on the body.

学习中文，要学会认文字，读课文，写作文①。

（认 rèn　读 dú　课 kè　写 xiě）

这样才能成为合格的学生。

（才 cái　为 wéi　格 gé）

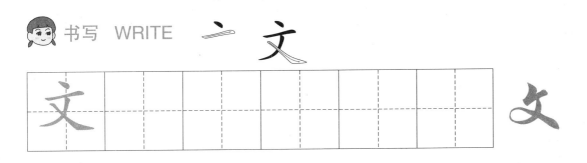

书写 WRITE　一　文

认一认 NOTE

形似字：文、父、六

找一找 SEARCH

哪里有"文"：纹、蚊、坟

词语解释 Explanation of words and phrases

① 作文（zuò wén）：composition

白 bái white, clear, pure

★The character originally looked like the sun rising, meaning the sky becomes white, as in the daytime when everything can be seen clearly.

吃的是白米饭，喝的是白开水①。
（fàn）（hē）

做事要明明白白②，做人要清清白白③。
（shì）（míng míng）（qīng qīng）

 书写 WRITE

白

白					

白

 认一认 NOTE

形似字：白、日、自

找一找 SEARCH

哪里有"白"：拍、怕

词语解释 Explanation of words and phrases

① 白开水（bái kāi shuǐ）：plain water

② 明明白白（míng míng bái bái）：in the open (not hidden), clear or obvious (to understand)

③ 清清白白（qīng qīng bái bái）：pure, clean, unblemished, no record of guilt

黑　hēi　black, dark, shady

罴　罴　黑　黑

bǎn
kuài
黑板①就是一块黑土地②，

★The top is a window; the bottom is a double "火". It originally looked like a blackened window, from a fire.

shī　gēng zhòng　shōu huò
老师在上面耕种③，学生在那里收获④。

bǎn　xiàng　sè　zì　xiàng　míng
黑板也像黑夜⑤，白色的文字好像光明⑥。

书写　WRITE

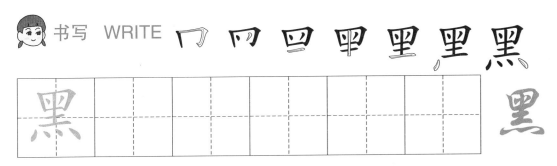

认一认　NOTE

形似字：黑、里

找一找　SEARCH

哪里有"黑"：墨、默

词语解释 Explanation of words and phrases

① 黑板（hēi bǎn）：blackboard
② 土地（tǔ dì）：ground, earth
③ 耕种（gēng zhòng）：to farm, to plow
④ 收获（shōu huò）：to get (gain), harvest
⑤ 黑夜（hēi yè）：black night
⑥ 光明（guāng míng）：bright, sunny, rosy, promising, openhearted

补充识字　Supplementary characters

业／業　yè　course of study or trade

些　　 xiē　some

叫　jiào　call, shout

别　bié　other, don't
　　　　（negative command）

 书写　WRITE

 认一认　NOTE

近音字：业、也

 读一读　READ　（1）

我姓王，别人叫我小王。我爸爸也姓王，别

人叫他老王，有些人也叫他王先生①。我还有个

弟弟，长得比我高些，身体比我好些，平时②爱踢

足球，别的运动③也喜欢。我已经大学毕业，有了

工作，但晚上还要学习，天天也有作业要做。这

些作业不很难，但也有些作业不会做。

词语解释 Explanation of words and phrases

① 先生（xiān sheng）：Sir, Mr

② 平时（píng shí）：ordinary, usually

③ 运动（yùn dòng）：sports

读一读 READ （2）

我是一个学生，有很多书(shū)，有些是自己(jǐ)买(mǎi)的，有些是我叫妈妈买(mǎi)的，还有些是别人送(sòng)的。我正在学中文，我的老师(shī)说过，要学好中文，就要学会用中文字(zì)典。

读一读 READ （3）

字(zì)典课(kè)本(běn)练(liàn)习册，白纸(zhǐ)黑字(zì)写(xiě)文章(zhāng)。

读一读 READ （4）

过去，中国(guó)人都有“名”，有的人还有别名，叫“字(zì)”。现(xiàn)在人们只有一个“名字(zì)”。那么，“名”和“字(zì)”这两个字(zì)是怎(zěn)么来的呢？“名”的上面是“夕”，意(yì)思(si)是晚(wǎn)上，下面是“口”，合起(qǐ)来是说，白天过去了，到了晚(wǎn)上，天黑了，看不见，不知(zhī)道(dào)是谁(shuí)，要用“口”说出自己(jǐ)的名字(zì)，别人才(cái)知(zhī)道(dào)你是谁(shuí)。

"字"的上面是房子，下面是孩子，合起来是说生

孩子，孩子出生了就要有名字。

那么，文字又是什么意思呢？"文"像图画，是

指像图画一样的文字，就像我们学的"字母"，一

个一个不可以分开；"字"是几个"文"合起来的，可

以分开。就好像生孩子，有了爸爸妈妈就会有儿

子和女儿。"补充 识字"里面的字，大多是可以分

开的。

猜一猜 GUESS

你没有他有，天没有地有。

英文索引 English Index

ENGLISH	CHINESE	PAGE
all	都 dōu	26
another	别 bié	88
arrive	到 dào	68
ask	问 wèn	42
autumn	秋 qiū	29
bamboo	竹 zhú	19
become	成 chéng	14
belt	带 dài	63
bird	鸟 niǎo	1
black	黑 hēi	87
blood	血 xuè	10
boat	舟 zhōu	57
bow	弓 gōng	45
building	楼 lóu	28
bunch	串 chuàn	77
call	叫 jiào	88
can	会 huì	78
candle	烛 zhú	16
capitol	京 jīng	31
cause	引 yǐn	45
character	文 wén	85
city	城 chéng	16
close	合 hé	79
cloth	布 bù	72
clothes	衣 yī	61

ENGLISH	CHINESE	PAGE
crow	乌 wū	1
cry(for birds)	鸣 míng	16
cup	杯 bēi	28
direction	向 xiàng	37
do	作 zuò	80
don't	别 bié	88
door	门 mén	34
door	户 hù	35
duty	职 zhí	42
equal	平 píng	72
factory	厂 chǎng	30
family	户 hù	35
family	家 jiā	68
fan	扇 shàn	42
feather	羽 yǔ	11
feel	触 chù	16
fish	鱼 yú	4
flat	平 píng	74
floor	楼 lóu	28
fly	飞 fēi	13
force	力 lì	54
forest	森 sēn	28
fruit	果 guǒ	18
give birth to	生 shēng	20
glass	杯 bēi	28

ENGLISH	CHINESE	PAGE
standard	典 diǎn	84
street	街 jiē	42
strong	强 qiáng	51
succeed	成 chéng	14
swallow (bird)	燕 yàn	2
sweet-smelling	香 xiāng	29
take	拿 ná	82
tall	高 gāo	33
tea table	几 jī	72
therefore	(所)以 (suǒ)yǐ	40
tile	瓦 wǎ	39
tortoise	龟 guī	5
touch	触 chù	16
toward	向 xiàng	37
trade	业 yè	88
tree	木 mù	17
turtle	龟 guī	5
two	两 liǎng	40

ENGLISH	CHINESE	PAGE
umbrella	伞 sǎn	76
use	用 yòng	48
vehicle	车 chē	56
very	很 hěn	14
volume	册 cè	83
walk	行 xíng	38
wall	城 chéng	16
what	(什)么 (shén) me	48
white	白 bái	86
wide	广 guǎng	30
wood	木 mù	17
woods	林 lín	28
work	工 gōng	52
work	作 zuò	80
worm	虫 chóng	3
wrap	裹 guǒ	72
year	年 nián	22

拼音索引 *Pinyin* Index

笔画索引　Stroke Index